COMUNIDAD
- ESCRIBE Y PUBLICA -
Tu Pasión

POEMAS
Soy Mujer Valiosa

La búsqueda del amor, la felicidad y la paz

Para otros materiales, visítanos en:
EditorialGuipil.com

© 2020 por Escribe y Publica tu Pasión Academy
Todos los derechos reservados

Publicado por **Editorial Güipil**
Miami, FL - Charlotte, NC. Estados Unidos de América

Reservados todos los derechos. Ninguna porción ni parte de esta obra se puede reproducir, ni guardar en un sistema de almacenamiento de información, ni transmitir en ninguna forma por ningún medio (electrónico, mecánico, de fotocopiado, grabación, etc.) sin el permiso previo de los editores, excepto para breves citas y reseñas.

Esta publicación contiene las opiniones e ideas de su autor. Su objetivo es proporcionar material informativo y útil sobre los temas tratados en la publicación. Se vende con el entendimiento de que el autor y el editor no están involucrados en la prestación de servicios financieros, de salud o cualquier otro tipo de servicios personales y profesionales en el libro. El lector debe consultar a su consejero personal u otro profesional competente antes de adoptar cualquiera de las sugerencias de este libro o extraer deducciones de ella. El autor y el editor expresamente niegan toda responsabilidad por cualquier efecto, pérdida o riesgo, personal o de otro tipo, que se incurre como consecuencia, directa o indirectamente, del uso y aplicación de cualquiera de los contenidos de este libro.

Versículos bíblicos indicados con NVI han sido tomados de la Santa Biblia, Nueva Versión Internacional, NVI. ©1999 por Bíblica, Inc. Usado con permiso de Zondervan. Todos los derechos reservados mundialmente. www.zonderban.com.
Versículos bíblicos indicados con RV60 han sido tomados de la Santa Biblia, versión Reina Valera 1960. ©1960 Sociedades Bíblicas en América Latina; ©renovado 1988 Sociedades Bíblicas Unidas. Utilizado con permiso. Reina Valera 1960© es una marca registrada de la American Bible Society.
Versículos bíblicos indicados con NTV han sido tomado de la Santa Biblia, Nueva Traducción Viviente, © Tyndale House Foundation 2008, 2009, 2010. Usado con permiso de Tyndale House Publishers, Inc., 351 Executive Dr., Carol Stream, IL 60188, Estados Unidos de América. Todos los derechos reservados.

Editorial Güipil

Editorial Güipil. Primera edición 2020
www.EditorialGuipil.com
www.EditorialImperial.com

- ESCRIBE Y PUBLICA -
Tu Pasión

ISBN: 978-1-953689-10-8

Categoría: Categorías: Vida Cristiana / Inspiración / Liderazgo

*"Un libro cambia vidas,
la primera vida que cambia,
es la de su autor"*

- Rebeca Segebre

*Presidente de Editorial Güipil,
fundadora de la comunidad Mujer Valiosa & Escribe y Publica*

CON REBECA SEGEBRE

Escribe palabras que impacten y transformen vidas.

www.EscribeyPublica.com

Comunidad - Inspiración - Desarrollo

Contenido

Introducción 7
1. Rebeca Segebre 11
2. Raquel Segebre 25
3. Angela Papoutsakis 35
4. Blanca E. Argueta 39
5. Dora Lema Olavarría 47
6. Elda Chávez 57
7. Grace Rohrig 63
8. Juana Lucía Amaro 69
9. Madeline López 73
10. Margarita C. Delgado 79
11. Rossen Larios 85
12. Zailyn Olivera Cruz 95
13. Isabel Bartolo 107
14. Casandra Cappiello 111
15. Zulay Escalante 117
16. Teresa Casillas 121
17. Aurimar Gutiérrez de Morales 127
18. Evelyn Perales 133
19. Graciela Sperati 139
20. Sandra Montijo 143
21. Jenny Cossío 147

Tus próximos pasos 152
Únete a la comunidad 155

Introducción

Te comparto este poemario, una selección de poemas que hemos titulado *Soy mujer valiosa*. Este libro fue escrito por las autoras destacadas de Editorial Güipil y miembros de la *Academia Escribe y Publica tu Pasión* que desean compartir sus pensamientos sobre el amor, el duelo y la vida por medio de la poesía. Este libro es publicado por nuestro sello editorial Imperial con la intensión de que su lectura deje un mensaje de inspiración, fe y esperanza a ti que lees.

Este proyecto literario es una novedad editorial histórica, una colección especial de libros publicada por el grupo Editorial Güipil: la casa editorial que fundamos por asignación divina, para publicar las obras de las mujeres cristianas latinas que tienen un mensaje en su corazón y desean expresarlo al mundo por medio de un libro y así expandir sus vidas, ministerio y legado.

El momento más esperado para todo escritor es ver su obra publicada y ese momento llegó: las estudiantes y miembros de la academia que aceptaron el reto de ser parte de esta selección de poemas ya están haciendo historia, ya son parte de algo grande.

Hermosamente diseñado para disfrutar de un tiempo de amena lectura, sus páginas te invitan también a colorear mientras lees o escribir tus pensamientos en las paginas de reflexión. Puedes inspirarte y crear también tus propios poemas o puedes utilizar algunos de ellos para dedicárselo a un ser querido.

Este libro es una invitación a que despiertes tus sentidos y tu corazón a lo más grande que existe en este mundo y que está disponible para todos: El amor.

REBECA SEGEBRE

Autora del libro *Tú Naciste para escribirlo*
Presidente de Editorial Guipil y fundadora de
La Academia Escribe y Publica Tu Pasión

Publicado por *Editorial Güipil*

Escribe palabras que impacten y transformen vidas.

www.EscribeyPublica.com

Comunidad - Inspiración - Desarrollo

Nuestro azul

Te he esperado cada mañana
mientras sale el primer rayo del sol
y se acomoda discretamente en el firmamento
como para no estorbar nuestro sueño o nuestra labor.

En realidad, me ha esperado a mí misma
pues tú siempre has estado allí,
callado, tranquilo, silencioso,
con tus oídos tan abiertos a mí.

Me gusta buscarte de mañana,
cuando todo calla y solo tu silencio se escucha.
Puedo hablar sin interrupciones mientras tú trabajas,
y aun tú dices más que yo en tus alturas.

Dices que la vida es hermosa,
que todo está hecho para mí, con amor,
que aún no has dejado de mirarnos,
que eres mi Padre, mi Dios, mi consolación.

Te sientes solo, ¿verdad?
Es triste cuando dando todo recibes migajas: p
alabras de hombres llenas de letras vacías de amor,
palabras de hombres vacíos llegan llenas de necedad;
y tú sigues estando solo.
¿Cuándo de corazón el hombre te buscará?

Yo estoy aquí, saciada de verte, sin comprender
tu justicia y eterno amor a tu pueblo adúltero;
te miro, te miro y más te miro,
en verdad te amo como a ninguno.

Azul pensé que eras; rojo, blanco y azul.
Como el agua a través del cristal, diáfano,
como el sol en su cenit, brillante,
mucho más hermoso eres tú.

Amarillo, azul y verde en contraste vivo
es lo que veo de ti,
veo tu ser reflejado en cada cosa que hiciste
y en cada cosa tu paz puedo sentir.

¿Eres azul?, ¿rojo, blanco y azul?
Eres púrpura, escarlata, carmesí,
eres vida, amor, rey y luz.

¿Será que no te cansas?,
¿será que algo te motiva?
Tu amor por tu pueblo te hace trabajar;
y por tu gran fidelidad al hombre aún miras.

El artista saca de su interior lo mejor,
de lo que su corazón está lleno.
Tu corazón está lleno de alegría,
de paz, de esperanza en lo que has hecho.

Lo creo porque lo veo
en el sol que brilla cada día,
en el agua que corre por los ríos;
en el rojo, verde y azul que aún están vivos.

Rebeca Segebre, *Nuestro Azul (2021)*

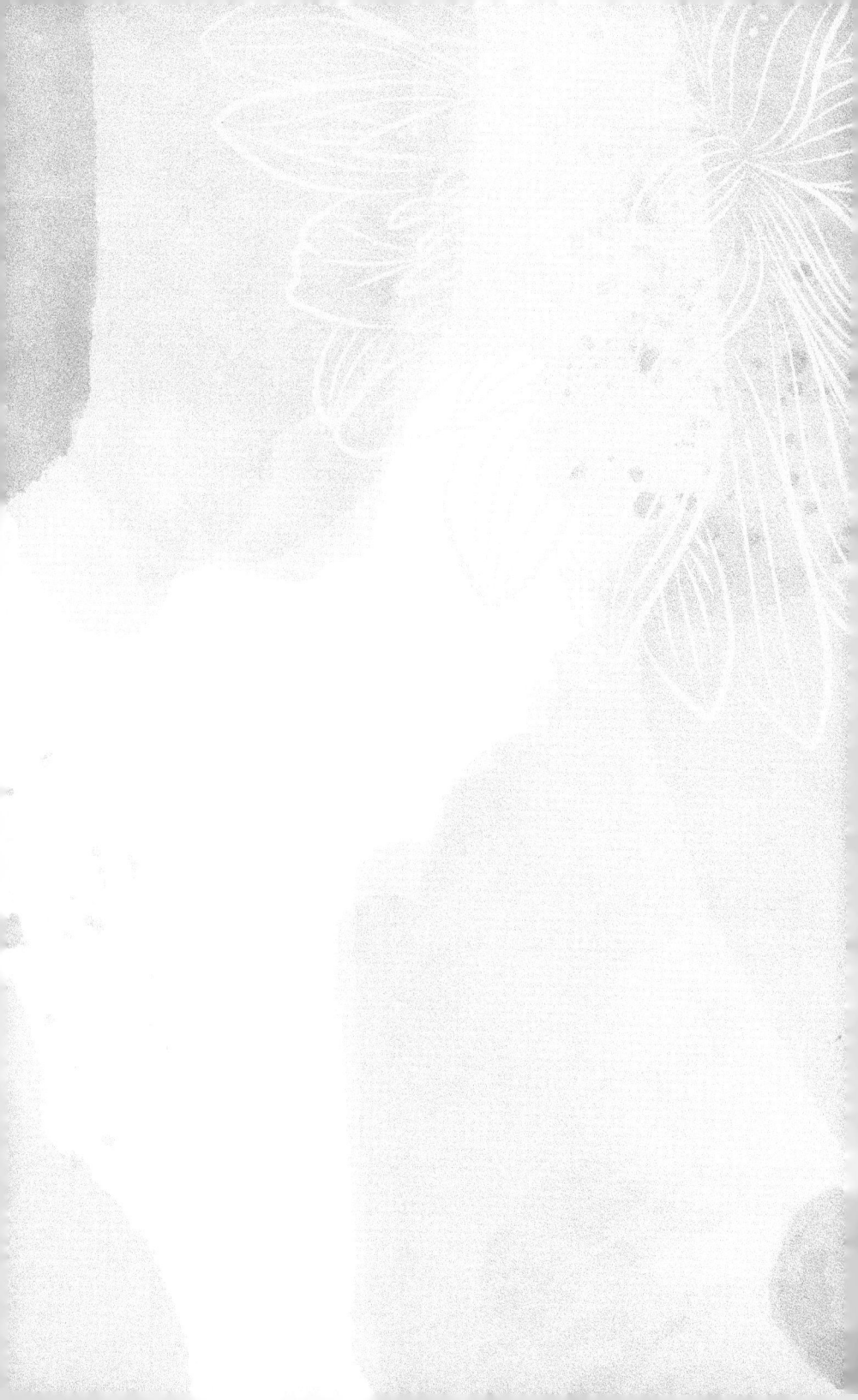

Las señales dicen

Las señales dicen
Que nuestro amor es de los que duran para siempre
Que la vida nos sonreirá así como la gente que encontramos
en el camino cuando caminamos juntos

Las señales dicen
Que siempre habrán jardines donde descansar, abrazarnos,
disfrutar la vida que se ve y respira en los colores, el aire fresco,
las flores
Que siempre habrán pájaros recordándonos que no hemos
sido olvidados por Dios.

Las señales dicen
Que habrá un pastel blanco con bolitas, círculos decorativos
como los de las capillas de Francia.

Las señales dicen
Que siempre tendremos noches de extrema pasión donde
disfrutaremos de nuestro amor.

Las señales dicen
Que tomaremos café en las mañanas y…
Las señales dicen
Que siempre la luz de la torre nos recordará que el amor nos
alumbró la vida y ya la noche no es oscura aunque sea fría.

Inédito para *Soy Mujer Valiosa*

La promesa

Viniste de lejos,
Mi alma ganaste,
Con ojos de ensueño.

De Dios el tesoro,
Que vino a su tiempo,
A mami alegrar.

Tan cerca te tengo,
Muy dentro, muy fuerte,
En el corazón.

Con Dios de testigo,
Prometo quererte,
¡Por siempre un montón!

Amada de mi alma, muñeca bonita, Mami te ama.
En mi corazón, siempre tú estarás, Mami te ama.
Amada muñeca, que a mi lado estás, Duerme tranquila,
Que en la mañana, tan pronto despiertes,
Mi amor aún tendrás.

De lejos viniste mi alma alegrar,
Con ojos de ensueño y voz celestial.

¡Qué linda la noche cuando estrellas hay!

¡Qué bella la vida, la luz Dios nos da!

Regalo precioso de Dios eres tú,
Regalo bendito por Él que te envió.

Todo fue orquestado por un Dios de amor,
A ti una madre, a mí una flor.

Ayer esperanza, hoy la rosa: ¡Tú!
Primavera de vida, vigor, juventud.

Fragmento especial, *El milagro de la adopción*, edición 2020

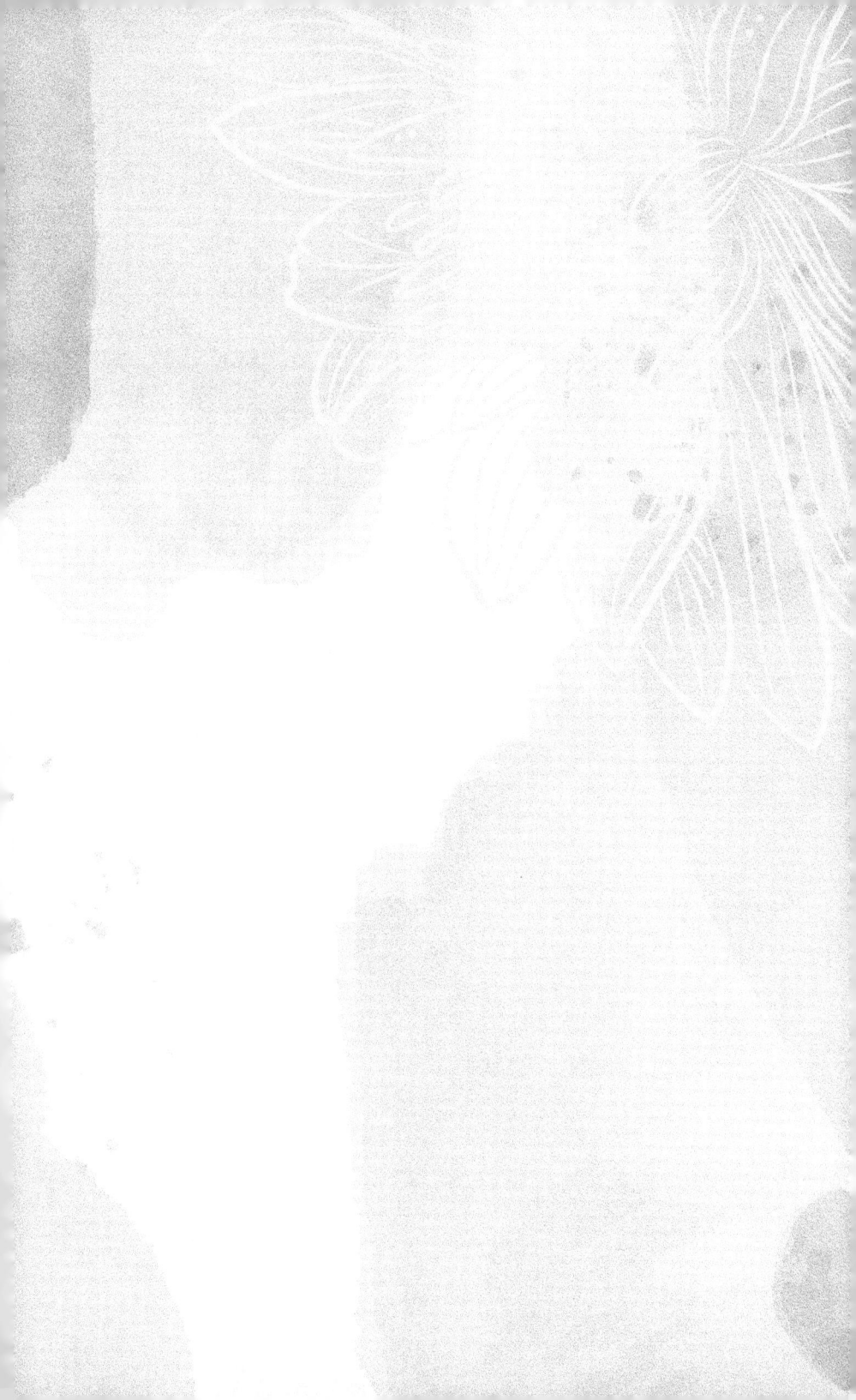

El día que te conocí

¿Quién es este niño
De ojos tan tiernos?
¿Quién es este niño
Que me dio el Señor?

Su nombre es: David, *my love*
Si le dan una banana,
Se la come en un sentar.
Saborea una manzana,
Se la come y pide más.

Si le dan una pelota
¡De seguro mete un gol!
Y si juega con su mami
De seguro mete dos... dos y dos.

Tú eres el niñito de mi corazón,
Perfecto regalo que vino de Dios.

Arrurú mi niño, ya durmiendo estás,
Mami va arrullarte el alba despertar.

Cautivada por tu sonrisa que muestras al hablar,
Adorno de tu boquita, es de mami el panal,
Mami ya está conquistada, ansía ver tu faz.
¡Que ya sea de mañana tu dulce ser contemplar!

Fragmento especial, *El milagro de la adopción*, edición 2020

RAQUEL SEGEBRE

Miembro destacado de
La Academia Escribe y Publica Tu Pasión

CON REBECA SEGEBRE

Escribe palabras que impacten y transformen vidas.

www.EscribeyPublica.com

Comunidad - Inspiración - Desarrollo

Queridas hormigas

Se los ruego una vez más
Permítanme entrar a su palacio
Prometo que no molestaré a la reina

Chicos, ¡esta vez duele demasiado!
No puedo entrar por la puerta
El agujero se hace cada vez más pequeño
«Bebe la medicina mágica»

Siempre es tan agradable visitarlas
La vida allá afuera no tiene
La fragancia de la armonía

Pero ¿y si quisiera quedarme más tiempo?
Lo sé... no puedo existir aquí para siempre
Pero tal vez hasta que aprenda a nadar

Siempre les digo y ahora repito, queridas hormigas
La vida ahí fuera
Huele al agua del grifo.

Matilde, la lengua

Hubo un tiempo
en que todo lo que hiciste fue dormir.
Dormías inocente en tu acogedora cueva.
De repente, te despertaste
y aprendiste lo poderosa que eras.

Una espada de dos filos:
tú cortas la carne y curas las heridas.
Maldices a tu dios después de haberlo bendecido.

Construyes edificios tan altos
solo para luego derribarlos, destruirlos.

Hablas engaño
en el lenguaje de los ángeles más santos.
Envenenas a tus víctimas
con la dulzura de tu miel.
Corrompes a tu dueño
y lo sueltas en libertad.

Eres una paradoja escondida en la boca.

Mujer joven con una jarra de agua

Una mujer joven está junto a una ventana abierta
Que mira a la calle principal.
Todas las mañanas se levanta veinte minutos
Antes de que el gallo al pueblo despierte

Se pone su vestido perfectamente planchado
Y su gorro blanco
Vive sola y come sola
Anoche, el joven que ama
No se acostó junto a ella

Luego inventará un motivo por su ausencia.

Hoy algo es diferente
Ella riega las plantas
que cuelgan afuera en su ventana.
Fue la obra de una esposa celosa
Todo lo que vio fue su sangre y su nombre impreso
en sus labios.

Cuando Martín finalmente encontró el valor

Cuando Martín
finalmente encontró el valor para hablar,
cocinó algo y al comerlo,
se atragantó y murió.

Inspiración para crear
algo que valga la pena mirar.
Decidido a dejar sus
huellas en todas partes
hubiese logrado un estado
de contentamiento.

Han pasado cuarenta años
y Martín todavía sufre
de la misma enfermedad.
¿Qué acumuló?
Ataques de ansiedad
y más que todo sufrió de
expectativa irracional.

ANGELA PAPOUTSAKIS

Miembro destacado de
La Academia Escribe y Publica Tu Pasión

Escribe palabras que impacten y transformen vidas.

www.EscribeyPublica.com

Comunidad - Inspiración - Desarrollo

Adorarte por siempre

Cómo no amarte mi Dios,
si me diste una razón para nunca olvidarte.
Me sanaste totalmente y me salvaste.
¡¡Soy fuerte!!

Mujer, madre, amiga, esposa, líder, fiel a nunca olvidarte.
Me llamarán loca, pero cómo no adorarte.
No te veo, pero siento cada día
que debo glorificarte
y en mis pensamientos tenerte
siempre a cada instante.

Tú, Señor, los milagros no los muestras a cada instante,
así seamos necios y no queramos escucharte.
Tú, con tu amor, nos traes y nos permites alabarte.

Qué nos cuesta en esta vida
si solo podemos adorarte a ti y glorificarte.
Gracias, Padre, por ese día de julio del 2012
que me permitiste encontrarte,
en medio de mi angustia y desesperación,
y cuando mi cerebro se encontraba muy lejos de tocarte.

Te amo, te alabo, te adoro; te he puesto primero en mi vida y nunca podría dejar de glorificarte y adorarte. Gracias por amarme y por perdonarme, y porque siempre me recuerdas que no hay razón para olvidarte.

¡¡Oh, Señor!!, te amo y tendría que pasar el resto de mi vida alabándote; y si me escondiera de ti, sabría que estás mirándome y esperando el momento de reencontrarnos.

Tú eres todo, eres luz, eres paz, eres amor, eres vida, eres perdón, eres eres esa bella palabra que me impulsa a intentarlo y a escribirte un poema para agradecerte mi milagro, ¡el cual nunca podría olvidarlo!

BLANCA E. ARGUETA

Miembro destacado de
La Academia Escribe y Publica Tu Pasión

CON REBECA SEGEBRE

Escribe palabras que impacten y transformen vidas.

www.EscribeyPublica.com

Comunidad - Inspiración - Desarrollo

Si alas y garras tuviera como el águila

Si alas y garras tuviera como el águila,
la presa jamás hubiese dejado escapar,
pero entendí que dentro de mí tengo alma,
no tan pura, no tan santa,
pero clara como agua del manantial,

Agua que corre, que se desliza ligera,
respirando vida, respirando paz,
paz que se aleja de la contienda,
y se abraza con la sabiduría
y se funde con la inteligencia,
que rompe con los sueños baratos
y se niega a vivir en pobreza,

pobreza de alma, pobreza de mente,
y alza el vuelo hacia el más allá
donde se entrelaza con el tiempo y la eternidad,

donde grita de alegría
y se confunde con el viento,
viento que se desliza pausado,
con paso lento,
dejando al recuerdo donde debe estar,
en su universo borroso, en su país de la nada.

Si alas y garras tuviera como el águila, mi presa sería
de un universo especial.

El eco y la montaña

Si el eco y la montaña hablaran lento,
y le dijeran al viento
todo lo que se quedó en el tiempo,
contarían mil historias.

Tiempo de lucha, tiempo de espera,
tiempo donde los sueños añicos se hicieron,
tiempo de lluvia, tiempo de tempestad,
tiempo que se quedó atrapado en la eternidad.

Si el eco y la montaña hablaran lento,
gritarían de alegría y de dolor al mismo tiempo,
y le contarían al viento en bajita voz,
la historia que nunca se habló,

aquella que nunca se vivió,
aquella que por miedo corrió y nunca volvió,
aquella que sólo existió en la memoria,
aquella que siempre quiso gritar la historia.

Si el eco y la montaña hablaran lento,
contarían nuestra historia en el tiempo.

Vestida de rocío

Pasó frente a sus ojos vestida de rocío,
con el sereno escurriendo entre sus dedos.

Con sus pies descalzos, brincando entre los charcos,
con el alma limpia y el corazón puro, con sus ojos café
como tierra fina y con una mirada como ninguna.

Pasó con el rostro alzado y sus miedos escondidos
en la luna, pasó arrastrando ilusiones y por dentro
cantando sus canciones.

La siguió con los ojos llenos de un amor desesperado,
la siguió con la emoción de un loco enamorado,
la siguió con todo lo ya mencionado.

«¡No te vayas! ¡No te alejes!», gritó sin decir palabra
alguna.
«¡Quédate conmigo! ¡Quédate para siempre!»,
fue la súplica que nunca se escuchó,
fue la voz que nunca se expresó,
fue la voz que se perdió en el silencio y en el viento,

que se ahogó en un mar de dolor e incertidumbre,
fue la voz que cruzó el firmamento,
que se deslizó por las veredas del tiempo,
que voló en el viento y se esfumó en un profundo y
lejano olvido.

Pasó frente a sus ojos vestida de rocío.

DORA LEMA OLAVARRÍA

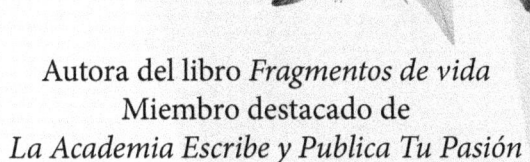

Autora del libro *Fragmentos de vida*
Miembro destacado de
La Academia Escribe y Publica Tu Pasión

Publicado por

EDITORIAL
IMPERIAL
CROWNED BY SUCCESS

Escribe palabras que impacten y transformen vidas.

www.EscribeyPublica.com

Comunidad - Inspiración - Desarrollo

Desamor

¡¡¡Oh, alma mía!!! Tengo cerrado el corazón,
cómo alcanzarte en mi despertar,
visualizaré tu entrega, pero nada cambiará
aún en mi fantasía de tormentas.

Llegarás a mí con esa bella devoción,
una emoción fallida que sostiene tu mirada,
desistiré de ese amor rosa
lleno de alegría del primer beso.

Te cantaré y celebraré tus pinceladas,
 me mantendré lejos de esa sola turbación
y adivinarás esa miseria afectiva
que me inclina a la desesperación.

¿Me responderás tranquilamente?
¿Guardarás esa flor angelical muy tuya?
¡Difícil de responder ante esa presión íntima
que me lleva al desasosiego!

Agujeros rotos tuvimos un día al soñar
y meditar tan profundo cuando amas,
 no titubeamos con esas fuerzas esquivas
que denotan una desnudez tan febril.

¿Qué pasará con mis hojas del jardín?

Resbalaré por la escalera de caracol,
te sorprenderé en lo mejor del tiempo,
con aromas que cruzarán al verte sonreír.

A pesar de todo, tu luz me sostiene con ese
bello semblante que te mantiene viva
¡Si pudiera amarte como tú quisieras!
encendería mi quebranto inmensamente.

Carezco de alma y de vida original,
soy como todos los demás, escaso en amor
sentimental y emociones terrenales
que van coloreando el corazón.

Conmigo estarás en cada lugar, a pesar de
 romper nuestras señales, pues allí
 en el respirar te encontraré y gritaré
con ímpetu tu presencia sutil.

Un amor roto de tanto desapego,
 no eres culpable de mi desatino, luchas
y desvaríos que no puedo destruir
y enseñarlo al mundo entero.

No te invitaré a esta lucha sin frontera,
solo puedo propiciarte cierta dulzura
que empujará a jurarte dedicación
con ese conjuro total de llevarte siempre.

Me cobijarás cada vez que me acerque a ti,
 invitarás protección y mucha ternura,
 lágrimas caerán al verte cantar
y a dedicarme esa apasionada canción.

Me lloverán desvelos, caerán las noches
 y no podré divisarte como tú deseas, vestiré los

colores que soñaste,
me perseguirás, pero no me detendrás.

Contemplaré tus sueños cada noche,
envidiaré la paz de tu alma,
pero no conseguiré cruzar esa penumbra que es
para mí la muerte oscura.

Me levantaré a ver mis margaritas,
flores preferidas que me deleitaban,
las veo quebradas en una sola noche,
al no retribuir un amor singular.

Se han juntado ternuras y emociones,
como una composición desigual, de mirarte frágil
y sabia como esa flor primorosa
ardiente de mujer.

Amor de todos los tiempos,
amor desigual encandilado en placeres y
falsos quereres
con esa tortuosa fascinación de llevarte
en mi camino.

Y al despedirnos cada día buscaré
la felicidad inacabada, de saberte mía
y desesperanzada, buscaré esa noche
que hará falta.

El espíritu de Dios

PROSA

«El espíritu de Dios me ha hecho, y el aliento del Todopoderoso me da vida.»
Job 33:4

Extinguiré mis lágrimas y mi tristeza con el amor inmenso que retengo hacia ti; caminaré muchas veces en sombras y llegaré a divisar tus enormes alas que envuelven mis deseos de traspasar el cielo azul y la inmensidad llena de luz.

Escucharé hermosas melodías inacabables que llevan a adorarte y embriaga mis pensamientos como hace la corte celestial en el cielo; medito en la letra que lleva a ritmos prodigiosos que exaltan tu bondad y misericordia.

Son cánticos divinos que se percibe a una sola voz diciendo: «Alabemos a Dios y démosle gracias con fervor» ¿Llegaré a esta hermosa morada donde reina la felicidad perfecta y gozaré de Dios por toda la eternidad?

Deleitarán mis ojos la belleza inmensurable, los querubines tocarán arpas, estrecharán la grandeza de nuestro Creador al divisar el cielo y su significado; el Señor me dará el júbilo para morar en su casa.

Contaré con el gozo de mi corazón y extinguiré todo dolor que retenga mi fe y fidelidad; festejaré su encuentro con cánticos nuevos, me uniré a su corte sobrenatural; señalará el camino para permanecer venerándolo.

Cerraré mis ojos y se enjugarán mis lágrimas, aguardaré segura de su compasión y decida sobre mí; conocerá mi clamor y desesperación al llegar a esa estancia divina, colocaré mi voluntad en Sus manos celestiales.

Ahora elevo estas ofrendas de perfume aromático, agradable y perfecto como limpieza de mi pecado y mi entrega absoluta; oro agradeciéndote que fui rescatada de esta fallida manera de vivir.

Me arrodillo y humillo ante tu divinidad, me salen palabras que ensalzan tu nombre y majestad; allí inmersa en esa ensoñación de tenerlo cerca, extiendo mis brazos para que el Espíritu Santo ingrese a mí.

Me quedaré asombrada con el poder eterno que caerá en cada cristiano concentrado en Su morada sobrenatural; adoraré con ellos en espíritu y verdad, y seremos templos de Dios hablando de sus maravillas.

No puedo salir de Su presencia, me siento extasiada y rendida a su promesa maravillosa. Oh, Señor, yo amo la habitación de tu casa, y el lugar donde habita tu gloria; allí te adoraré y glorificaré tu bello nombre.

Doy inmensas gracias porque Dios permite unirme a la asamblea del cielo, a recorrerlo y a proclamar un canto de alabanzas con mi arrepentimiento y obediencia total. ¡Gracias por darme un suelo sólido!

Me rindo totalmente a tu integridad porque te obedeceré toda la vida con el deseo sincero de tu sierva humilde que se somete a tu verdad y amor.

ELDA CHÁVEZ

Miembro destacado de
La Academia Escribe y Publica Tu Pasión

CON REBECA SEGEBRE

Escribe palabras que impacten y transformen vidas.

www.EscribeyPublica.com

Comunidad - Inspiración - Desarrollo

La viuda

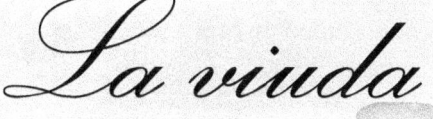

Llegó la viuda
a una tierra de Dios
que la acogería.

Ella era preciosa
dispuesta a brillar
no por luz propia
sino por la del Creador.

Imagino que entristeció
cuando su esposo murió
y el consuelo de su suegra
a seguir adelante la motivó.

Ahora en Belén estaba
la tierra que la acogería
y necesitaría trabajar
para a su suegra ayudar.

Y ante el consejo de ella
Ruth sigilosa salió.
Era el principio de la siega
oportuno para pepenar.

Dios a Booz tenía
él sería el elegido
para darle el favor
de su cosecha tomar.

También dio orden:

que no fuese molestada
que dejaran granos de más
para su canasta llenar

de esa manera compartir
con su amada suegra
y la vida continuar
con toda bendición.

Tal fue el precioso favor
del Dios de amor
este galante varón
de acuerdo a la costumbre
a Ruth tomó en redención.

Así las dos mujeres
que estuvieron en desolación
y terrible desamparo
terminaron con bendición.

De su Dios de amor
recibieron el favor
pues les dio la protección
a través de este varón.

GRACE ROHRIG

Miembro destacado de
La Academia Escribe y Publica Tu Pasión

CON REBECA SEGEBRE

Escribe palabras que impacten y transformen vidas.

www.EscribeyPublica.com

Comunidad - Inspiración - Desarrollo

El puente por la vida

Una cinta corre por mi mente
Veo una niña delgadita, con cabellos largos
Llena de sueños... apenas tiene cinco años
Él y ella van tomados de la mano, caminando por un puente

Sin saberlo... ha emprendido un largo viaje
Ese viaje... es el viaje por la vida
Dulce y tierna niña, sonríe mirando hacia arriba
Contemplando las estrellas, el inmenso cielo y la hermosa luna

Es amiga del amor, la fe, la esperanza y la bondad
Expresando su amor puro, él la envuelve con su manto
La unge, la perfuma, acaricia sus cabellos, su unción está bajando
Agradecida canta desde su alma a su tierno padre, llena de encanto

Caminando por el puente, todo parece excelente
Se siente como en las nubes, caminando entre algodones
Muy feliz y sonriente abraza a toda la gente
Creyéndole a medio mundo, descubre algo diferente

De pronto cae en un pozo, muy obscuro y mal oliente
Se encuentra con personajes que la intentan devorar
Luchando por escaparse, la agreden hasta la muerte
Sangrando y llena de heridas, ella comienza a cantar

Canciones para su Padre, su Espíritu y su Hijo
Llena de agradecimiento y con sus ojos llorosos
Nuevamente en el camino, por el puente y al destino
De la mano de su Padre ella llegará muy lejos

Yo puedo ver en la cinta una mujer muy valiosa
Llena de fe, de bondad, de amor y de paciencia
Un camino con regalos recompensas y sorpresas
Que su padre prometió a aquella niña preciosa

En el viaje de la vida habrá caminos de espinas
Con mi padre de la mano cruzaré toda mi vida
En su presencia yo tengo lluvia de vida divina
Contaré siempre mi historia al caminar por el puente

Seguiré siempre de frente hasta llegar a la meta
Y en los pozos más obscuros te adoraré hasta que llueva
La frescura de tu esencia, tu unción que es tan dulce y tierna
Ese aroma de perfume me llena de nuevas fuerzas

Tu aceite especial transforma, rompe todas las cadenas
Libera de toda angustia, hermosos brillos del cielo
Es muy refinado oro, llenan de luz ese pozo
Inundan mi ser entero con ese divino gozo

Debo seguir mi camino, por el puente de la vida
Aprendí de esa niña, que en esas citas divinas
No eran solo las palabras, era adorarle, entregarse
Sin condición, sin reservas, deleitarse en su padre

En el final de la cinta, la bella mujer virtuosa
Abriendo tantos regalos, sorpresas, miles de abrazos
Seguía siendo esa niña que amaba tanto a su padre
Corría a sus tiernos brazos, pues ahí estaba segura.

JUANA LUCÍA AMARO

Miembro destacado de
La Academia Escribe y Publica Tu Pasión

CON REBECA SEGEBRE

Escribe palabras que impacten y transformen vidas.

www.EscribeyPublica.com

Comunidad - Inspiración - Desarrollo

Yo soy la tierra

Yo soy la tierra que de su entraña lanza su caliente lava del volcán erupto.
Yo soy la tierra que arrulla en su vientre el grano de trigo con que haces el pan.
Yo soy la tierra que te da el fruto con que tú te sacias, oh, género humano.

Yo soy la tierra que te ha enriquecido negociante de oro, diamante y rubí.
Yo soy la tierra que adorna embellece, mujeres hermosas del mundo sin fin.
Yo soy la tierra que gime a una con dolor de parto y te diré por qué.

Por tanta inocente sangre derramada de niños que ya no pudieron nacer.
Por tanto desastre que ha creado el hombre, para luego al mismo hombre destruir.
Por tanta indolencia para preservar toda la belleza que en mi entrañas hay.
Por tanta maldad en la humanidad, por la indiferencia hacia su creador.

MADELINE LÓPEZ

Miembro destacado de
La Academia Escribe y Publica Tu Pasión

CON REBECA SEGEBRE

Escribe palabras que impacten y transformen vidas.

www.EscribeyPublica.com

Comunidad - Inspiración - Desarrollo

¡Quién me rescató!

Pensaba en quién soy y siento que no soy nada. Es solo un sentimiento, pero es real como me siento. ¿Hallará gracia una vasija rota, sucia y tirada? Si pasara alguien por mi lado, ¿será que me mirará? Nadie mira una vasija de barro como yo, rota y hecha pedazos y ni siquiera brillo alguno tengo. Me siento que no sirvo para nada. Pero me pregunto: oh, ¡¡Dios!!, ¿tú me recogerías?, ¿te serviré para algo?

Mi alma está herida y maltratada, mis emociones están tan agitadas como las olas del mar que van y vienen, así como el viento que hoy sopla con suavidad y mañana sin que lo espere, llegan los fuerte vientos de tormenta. Mis pensamientos no tienen rumbo, perdieron su dirección, solo veo en este momento una vasija sumergida, manchada por el tanto caminar, hecha pedazos y siento es verme yo allí porque me tiraron con violencia para que cayera… Me pregunto: ¿Habrá alguien que piense en mí, alguien que piense en esta vasija o le sirva para algo? Alguien que la recoja, la limpie, la lave y pegue sus pedazos, que parezca que nada le a pasado. Que le sirva para sembrar una semilla y dé frutos que otros puedan tomarlos.

Me siento enterrada en la arena movediza, en lo más profundo de un fango.

¿Quién podrá fijarse en mi?, si estoy tan lastimada y frágil.

En el fondo anhelo no estar aquí tirada, quisiera ser rescatada.

Tal vez si alguien me mira pueda pegarme las heridas poco a poco y ya pueda ayudar a alguien que tenga sed, así como yo tengo sed y servirle.
Tal vez alguien me encuentre y me pinte, me dé color, me dé forma y sirva como un arte perfeccionado, radiante como brillan los diamantes. ¿Pero realmente le serviré a alguien? Jamás pensé estar aquí tirada y sentirme tan abandonada, tan triste y vacía y sin una melodía. El tiempo pasa, cae la noche, la tempestad y yo sigo aquí cada vez mas arrastrada.

De pronto un buen día ya sin esperanza apareció alguien, sentía unos pasos cerca de mí; pero segura que pasaría por mi lado sin siquiera mirarme, ya que sucia, lastimada, y con heridas tan grandes no le iba a importar. ¿Sabes cuántos pasos he oído cerca de mí?

Mi ilusión fue desapareciendo poco a poco; y yo, decayendo. Cada vez más hundida, menos me van a ver. Mis lágrimas son como un fuerte llover. Pero había alguien que todos los días caminaba por allí y me observaba. Pero el que me observaba de lejos, ahora estaba muy cerca y había pensado en mí, porque él anhelaba tenerme más cerca. Desde el momento en que me vio, ya me estaba buscando sin yo saberlo. Él pensó hacer algo hermoso de aquella vasija. Sus pensamientos y sus caminos eran tan altos como el hermoso cielo azul.

De repente extendió su mano con tanta delicadeza y me levantó por su grandeza. Él vio cuán lastimada estaba, me lavó, vendó mis heridas sangrientas, las selló e hizo de mí una obra maestra. Con cuánta delicadeza fue tomando cada pedazo, casi imposible para sanarlos. No desperdició ni un solo pedazo, después comenzó a entretejer cada uno de ellos. Me dejé caer entre sus brazos y cada cosida de amor hicieron que mi corazón fuera sanando. Luego puso aceite, me ungió y me dijo: «¡Jamás! Jamás, volverás a ser quien eras. Ahora te he levantado, lavado y vendado tus heridas. Eres diferente porque yo, Jesús, te hice diferente y te he adoptado mía. Estás en mi palacio y a esta obra le he puesto nombre; eres mi hija amada, Madeline. Eres mi hija amada, tu nombre aquí.»

Me tiraron con violencia para que cayera, pero el Señor me rescató.

Salmo 118:13

MARGARITA C. DELGADO

Autora del libro *Belleza de lago*
Miembro destacado de
La Academia Escribe y Publica Tu Pasión

Publicado por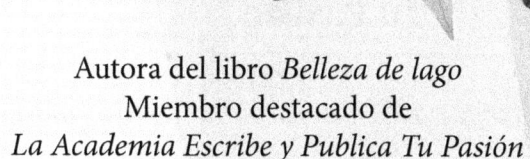

CON REBECA SEGEBRE

Escribe palabras que impacten y transformen vidas.

www.EscribeyPublica.com

Comunidad - Inspiración - Desarrollo

El hombre que Ama

«El hombre feliz es aquel
que siendo rey o campesino encuentra paz.»

El hombre ama con el celo de la fiera
Y también con la ternura y placidez de la mañana
Ama con la sonrisa del amigo
Ama con el ímpetu del viento

Protege como la cueva de la montaña
Y defiende como el lobo de la manada
Te acompaña como el sonido de la brisa
Y te guía como el pastor de las ovejas

No te moldea, sino te admira
No te asfixia, sino te da libertad
El hombre que ama da
Con la seguridad de que el Creador
Le llamó para eso y mucho más

Por eso
Señor, bendice
Sus manos y sus pies
También su alma y su fe
Sé tú, Señor
Su roca y refugio en su andar
Sé tú, su ánimo en su pesar
Dale de tu amor sacrificado y pleno
Y bendícelo hasta decir:
«Soy tu hijo, heme aquí».

Abrázame

«Jamás alguien tan grande se hizo tan pequeño
para enseñarnos las lecciones
más importantes de la vida.»
El maestro del amor, Dr. Augusto Cury

Señor, aliméntame de amor,
y dame del motivo de tu pasión.
Sáciame cuando en el desierto
se encuentren mi alma y corazón.

Báñame de tu frescura matutina en la oración.
Y con la paz de tu presencia al terminar un día de aflicción.
Ampárame bajo la sombra de tu redención
y sálvame de mi oscuridad con tu luz y dirección.

Y por último, abrázame siempre
que necesito de tu seguridad y aceptación.
Hazme consciente de ti,
y así dejarte ser
el primero, mi Rey y Señor.

ROSSEN LARIOS

Miembro destacado de
La Academia Escribe y Publica Tu Pasión

Escribe palabras que impacten y transformen vidas.

www.EscribeyPublica.com

Comunidad - Inspiración - Desarrollo

A mis amados hijos

Amados hijos, sepan que como madre me siento dichosa, a veces me siento reina, a veces me siento osa, cuando cual ositos me abrazan y hasta me adornan.

Ocho coronas tengo y coronas preciosas,
ocho herencias de Jehová
y de mi vientre fruto de gran estima,

ocho flores sin igual, dos claveles y seis rosas,
de todas las flores las más hermosas,
ocho saetas que aviento a la vida cual buen arquero
confiando en Dios la buena puntería,

ocho soldados, firmes y valientes
que caminan de frente,
ocho estrellas que en mis oscuros días
brillan dándome aliento,

ocho motivadores para esforzarme cada día
y hacer lo correcto,
ocho regalos del cielo, que solo al verlos,
cual águila Dios me hace levantar vuelo.

¡Ah! y sepan que cuando el mundo se me viene encima, Dios a través de ustedes me anima.

Soy la madre dichosa que cría siervos de Dios,
príncipes y princesas, gente de bien
y grandes profesionales
que conquistaran más que tierras nacionales.

Como la mama gallina
quiero cubrir a todos mis polluelos;
ayúdenme, porque a veces me causan desvelos.

¿Seré yo madre de la tristeza?
    ¡No, yo soy madre de la alegría!
¿Seré yo madre de la pobreza?
    ¡No, yo soy madre de la realeza!
¿Seré yo madre de la soledad?
    ¡No, yo soy madre de la compañía!
¿Seré yo madre del dolor?
    ¡No, yo soy madre del amor!

Razones tengo para sentirme dichosa,
y de la vida no me asustan sus quebrantos;
por eso, hijos, si ven mis ojos brillar de llanto
es por la fuerza de reírme tanto.

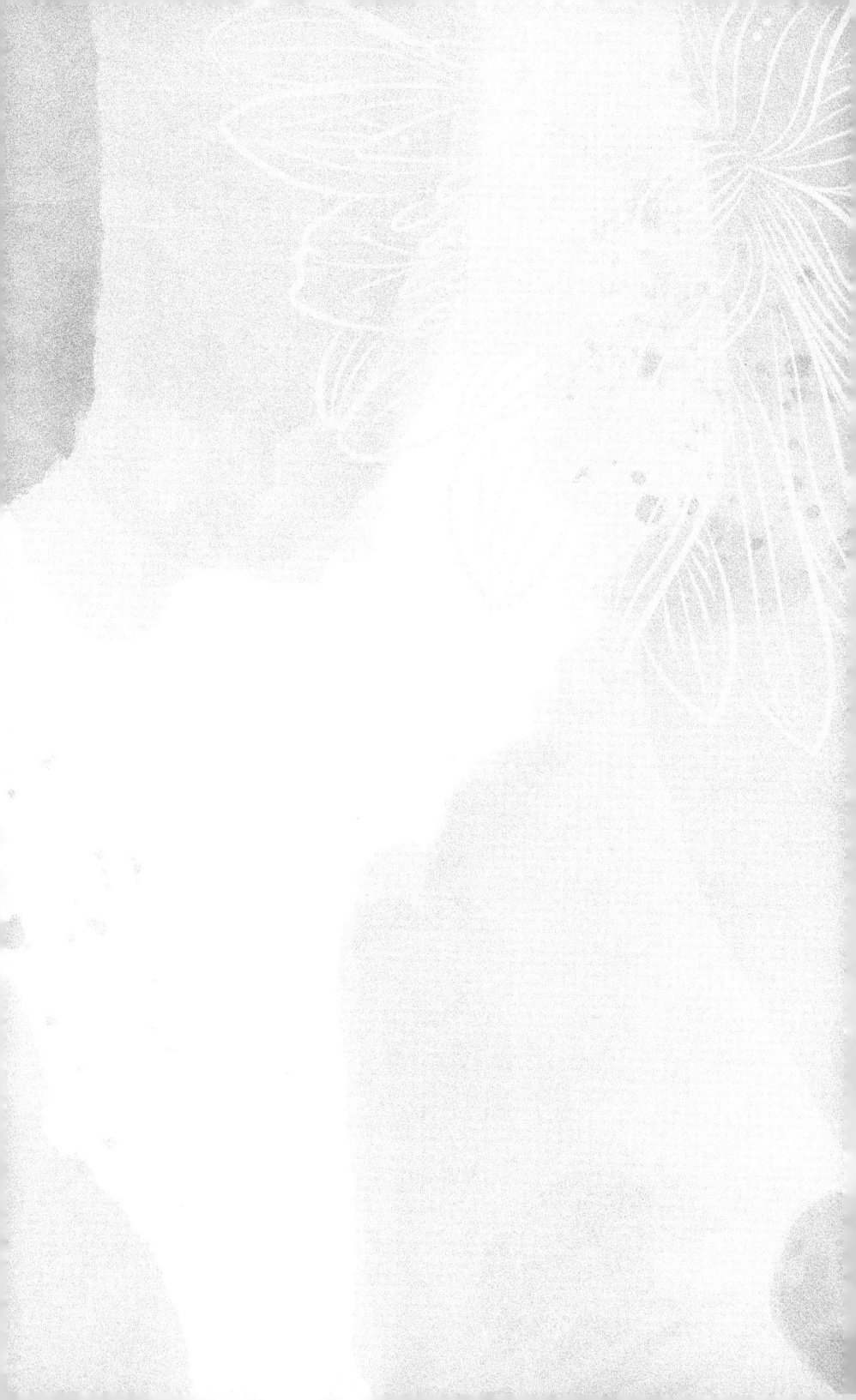

La vida es como tú quieras verla

La vida es un desafío, un reto constante que siempre camina hacia adelante.
Es movimiento, no se estanca; si tú te detienes, ella avanza.

Es recatada y de mente abierta, te deja dormir y también te despierta.
La vida te da y también te demanda; si le das, te devuelve con creces; es agradecida, aprecia lo que le ofreces.

La vida es paz y también es locura, a veces agresiva, a veces llena de ternura, es un corto viaje, es una aventura, es una fiesta donde hay invitados llegando, otros comiendo, bailando y otros se están despidiendo.

La vida es una gran maestra, grandes lecciones recibes de ella, te examina sin más tregua; si una lección repruebas, te la repite hasta que la aprendas.

La vida es tan única según tú la creas, mejor es no verla en opiniones ajenas, es amarga y es dulce, es según tu saboreas, es lo que haces y de lo que ella esperas, es el tiempo que pasa mientras piensas.
La vida no es mala ni buena, y ella misma te

entrena para cada faena, porque todo lo que vives te deja huella.

La vida no es mala ni es buena, es tierra fértil que te devuelve según tú le siembras, si mal haces te pasa factura y si bien haces te recompensa.

La vida es alerta y también es sorpresa, te da, te quita y no te avisa.

La vida es llanto, pero también es risa, la vida es ilusión, sueños y pesadillas, te pone de pie y a veces de rodillas.

Ella es tu fiel compañera que va a donde tú la llevas, a veces te abraza y a veces te avienta de tal manera que contra ella misma te estrella

La vida es luz, amor y esperanza, a veces te hala, te empuja, te lanza, te da oportunidades y hasta te ruega, espera de ti toda tu entrega, mientras puedes tú la diseñas, de ti depende que no te la pierdas.

La vida es el soplo divino, el don más preciado que se te dio, puedes usarla como el hijo pródigo o como aquel que su talento enterró, puedes aprovecharla y cumplir el propósito para el cual Dios te creó.

La vida es linda, decía mi madre, postrada en cama luchando contra cáncer; yo, como hija, la cuestionaba. Escucharla me confundía, me negaba a creerla, hasta que entendí que la vida es como tú quieras verla.

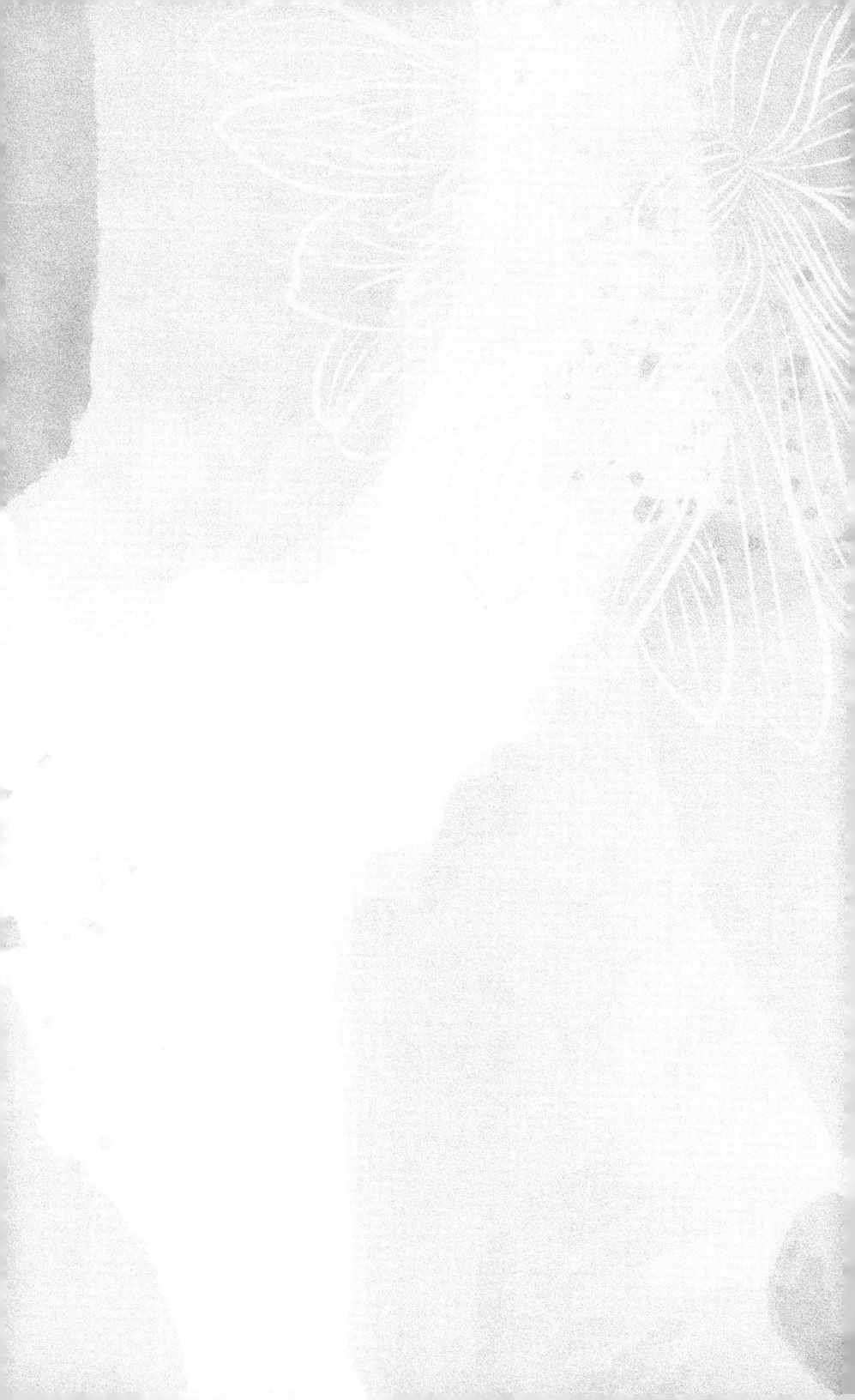

ZAILYN OLIVERA CRUZ

Autora del libro *Retazos del alma*
Miembro destacado de
La Academia Escribe y Publica Tu Pasión

Publicado por

Escribe palabras que impacten y transformen vidas.

www.EscribeyPublica.com

Comunidad - Inspiración - Desarrollo

Sanidad

Hice un pacto con el silencio.
Dejé que los reclamos amontonados
en mi cerebro encontraran salida.
Aprendí a soltar las cargas insoportables
que encadenaban mi suerte.
Orando por descubrir un comienzo diferente.

Hinqué mis rodillas al suelo
invocando su presencia.
Abracé el libro sagrado
con tanta enseñanza presente,
dejando escapar los vicios
que me alejaban de la gente.
Sentí desde lo profundo,
un clamor, una oportunidad…

He probado su consuelo,
su caminar paciente a mi lado
que calmó tanta ansiedad.
Me siento sostenida
cuando mis pies lucen cansados.

Llena de gozo,
con el alma enardecida
veo como sanó mi alma
plenamente agradecida.

Esperanza

Aquel verso fue
un tatuaje en mi memoria
que nunca pude desprender.
Un aviso fortuito de que la vida cambia
y mi pensamiento también.

Arrinconé por mucho tiempo mis miedos
alejando las creencias
que alimentan el alma.
La fe que mueve no solo montañas.

Combatí ideales que se tambaleaban
como el hombre del circo
sobre la cuerda floja.
Sin tener por seguro que un día
daría vuelta a la hoja.

Solo éramos nosotros.
Él siempre conmigo.
Dejando pistas y señales,
un consuelo que sirve de abrigo.

Guardé en un libro sagrado
un retrato a lápiz de mi madre.
Quizás para protegerla
ante cualquier embate.
Él escuchó mi oración
Ella venció el cáncer.

Oración

Señor, tú que conduces mis pasos,
mi andar apresurado por la vida.
Señor, tú que te presentas
en el momento más inesperado.
Tú que consuelas mi alma y
secas las lágrimas que he derramado.

Señor, tú que combinas
tan acertadamente mi dolor
con cada gota de amor.
Recibe desde lo profundo esta oración.

Vengo a pedirte que guíes a mis hijas
hacia el camino de salvación.

Protege su inocencia.
Cura sus heridas.
Si yo les falto algún día
no desampares su camino.

Ellas son el milagro
que renace cada día
Mi fe y esperanza
las he puesto en ti.
En tu bondad
en la fuerza que me guía.

Vida indiferente

Cuánta vida indiferente pasando de largo
como gotas que caen formando charcos.
Cuántas mentes vacías y corazones desahuciados,
sin alma y armonía
salpicando las gotas de barro a su paso
maldiciendo al cielo por cada tortazo.

Cuánta hambre por el mundo,
con comida en la basura sin usar.
Cuántos niños descalzos que salen a trabajar.

¿Cómo arreglar la osadía?
¿Cómo construir un futuro
sin una mano que conduzca y te saque de lo
oscuro?
Sin fe, sin esperanza
Solo luchando hasta donde la codicia alcanza.

No blasfemes, no critiques
la ruleta gira cada día.
Todo termina de repente.
La vida pasa de largo.

Se aventura a pasar tu historia
y la gota de lluvia con barro combinada,
se aparece resbalando por la cara
con la ironía sorpresiva
de una historia mal contada.

Nuestro Amor

No quiero una pasión bonita
salida de un cuento de hadas.

No quiero que construyamos
una historia superficial
para demostrar al mundo
nuestro amor.

No quiero tomarme fotos
y que detrás de mi sonrisa
se esconda algún dolor.

Quiero amanecer a tu lado
sabiendo que cada día
podemos hacerlo mejor.

Tomados de la mano,
seguros, bajo el manto de Dios.

ISABEL BARTOLO

Miembro destacado de
La Academia Escribe y Publica Tu Pasión

CON REBECA SEGEBRE

Escribe palabras que impacten y transformen vidas.

www.EscribeyPublica.com

Comunidad - Inspiración - Desarrollo

Con razón te aman

Cruzaré los montes y fronteras, los valles, desiertos y ríos para encontrarte, aunque mis enemigos me persiguieron, pusieron trampas en mi caminó; pero te busqué con todo mi corazón hasta encontrarte por que tú me ayudaste.

Quebrantaste puertas de bronce y cerrojos de hierros, los hiciste en pedazos hasta encontrarme. Me diste los tesoros escondidos y los secretos muy guardados; y me diste un nombre.

Por tu amor te busqué desde mi niñez hasta encontrarte, porque te necesito a mi lado, porque mejores son tus amores que el vino, más grato el olor de tus suaves ungüentos derramados; por eso te amo.

Me enamoré de ti, me hice una esclava tuya. Atráeme en pos de ti y correré. El rey me ha metido en sus cámaras; nos gozaremos y alegraremos, nos acordaremos de sus amores más que del vino; con razón te aman.

CASANDRA CAPPIELLO

Miembro destacado de
La Academia Escribe y Publica Tu Pasión

CON REBECA SEGEBRE

Escribe palabras que impacten y transformen vidas.

www.EscribeyPublica.com

Comunidad - Inspiración - Desarrollo

El Amor

¿Será el amor un invento o quizá un mandamiento?
¿Será para evitar el sufrimiento o quizá un pasatiempo?
Tal vez el amor no es solo un sentimiento que necesita alimento,
No es solo abrazos y caricias, sino dar de comer al hambriento.

Hay palabras de amor que resuenan con el viento,
Mas una dulce sonrisa es como agua para el sediento,
Un gesto de amor al prójimo es darle cumplimiento
A lo que dice la Biblia en cada testamento.

La Palabra de Dios nos guía y nos infunde aliento
Para enfrentar mil batallas y no morir en el intento.
Cada promesa en ella nos recuerda un gran amor,
El que ha tenido por nosotros, nuestro Salvador.

Que no escatimó humillarse ni hacerse como hombre,
Él vino a cumplirlo todo, y conocimos su nombre.
Murió por la mujer, por su pueblo Israel,
Ella es su amada y Él siempre ha sido fiel.

Fiel a su palabra, de la que se debe cumplir,

La jota y la tilde, desde el principio hasta el fin.
Pues el cielo y la tierra aún están aquí,
Eso nos dice a nosotros que hay más por seguir.
Cada palabra ahí escrita nos muestra cómo vivir,
Vivir en obediencia, como el pacto desde el Sinaí.
La obediencia nos trae a la bendición,
Nos vuelve hermanos, nos convierte en nación.

Debemos amar a Dios sobre todas las cosas,
También a nuestro prójimo, a los esposos y esposas,
Al vecino, a los animales y al amigo,
Y a todo aquel que quiera caminar contigo.

Pero ¿cómo demostrarle a Dios que lo amamos?
Una forma es amando a nuestros hermanos,
Otra llenarnos de su conocimiento,
No en vano sino guardando el mandamiento.

Y aunque el amor todo lo puede y todo lo soporta,
Solo hay una verdad que realmente nos importa,
Que a través del Mesías se abre aquella puerta
Que nos lleva a la salvación que puede ser eterna.

No hay más grande amor que del que nos vino a buscar,
Porque andábamos perdidos como aguja en un pajar,
Porque éramos culpables de pecar y pecar,
Pero su amor nos redimió y nos hizo regresar.

Regresar a casa, a la casa de papá,
Nos lava de toda inmundicia y nuevas ropas nos da,
Nos pone un nuevo anillo, nos invita a cenar
Y prepara la boda que pronto se ha de realizar.

El amor está en nosotros, si tenemos misericordia,
Cuando podemos darlo todo, sin tener de ello memoria,
Como lo hace el Creador cuando nos perdona,
Que los pecados van al mar, y fin de la historia.

Bienvenido sea el amor, bienvenido sea el perdón,
¡Bienvenidos sean todos a mi corazón!
Que ahora está ligero, pues ya no tiene carga,
Se lo entregué a mi Señor, ¡que desde siempre me ama!

Su amor me ha invadido, Su amor me ha sanado,
Me ha hecho libre y me ha restaurado.
Mi identidad me ha mostrado, me llama su hija,
Ya no soy esclava, y menos del pecado.

ZULAY ESCALANTE

Miembro destacado de
La Academia Escribe y Publica Tu Pasión

SOY MUJER VALIOSA

La búsqueda del amor, la felicidad y la paz

- ESCRIBE Y PUBLICA -
Tu Pasión
ACADEMY

CON REBECA SEGEBRE

Escribe palabras que impacten y transformen vidas.

www.EscribeyPublica.com

Comunidad - Inspiración - Desarrollo

Él es mi Dios

Inmensurable tu amor
viajaste al tiempo de mis pasados
me viste lacerada, llorosa,
con mil harapos aciagos en la espalda allí,
con tus brazos abiertos en cruz y sangre,
trajo el firmamento tu promesa
tu hija, tu hija, ¡la niña de tus ojos!

sustento,
alimento de mi alma
ya no hay fantasmas ni demonios
ya no toca la puerta el trauma
ni canta el pasado mis recuerdos
tu voz de escudo y eternidad, le dice: ¡Detente!
tu luz me hace de tu reino
y en tu corazón me escondes desde tiempos que
aún no recuerdo.

En tu nombre está el poder, ¡oh! Jesús de Nazaret
mi Dios
mi futuro infinito
mi promesa constante
mi alimento
mi socorro
mi sustento
mi aliento de vida nueva cada vez que me despierto.

El cielo es el lienzo donde dibujas tu obra en mí.
¡Te conozco! Eres mi Dios.

TERESA CASILLAS

Miembro destacado de
La Academia Escribe y Publica Tu Pasión

CON REBECA SEGEBRE

Escribe palabras que impacten y transformen vidas.

www.EscribeyPublica.com

Comunidad - Inspiración - Desarrollo

Mujer Virtuosa

Mujer virtuosa, ¿quién la hallará?
La palabra virtuosa se deriva de virtud, y la virtud es un regalo que se recibe con gratitud.
Es un don del cielo, para alguien especial, para la mujer prudente, sabia y espiritual.

¿Pero cómo sabemos que somos virtuosas? ¿Porque somos madres o buenas esposas? ¿Porque limpiamos, cocinamos y muchas otras cosas?
No, no lo creo; la virtud es algo grande, algo maravilloso e incomparable.

Dios escoge a la mujer para llenarla de virtud, no a la más bonita, sino la que vive en rectitud, la que ama sin condiciones, la que no se cansa de luchar, para ser llamada virtuosa por siempre en todo lugar. Virtuosa no es la mujer más linda físicamente, la mujer virtuosa es bella interiormente.

Virtuosa no es la madre que se queda sin comer para compartir su ración; virtuosa es aquella que multiplica el pan con fe y oración.

Virtuosa no es la madre que cumple deseos y caprichos; virtuosa es la madre que instruye con amor a sus hijos, a ganarse las cosas con trabajo y sacrificio.

Virtuosa no es la esposa que al marido deja la carga para sentirse respaldada, mujer virtuosa es aquella que ante el peligro ella pone la espalda.
Mujer virtuosa no es la que se derrumba ante una pena, mujer virtuosa es aquella que en Cristo se consuela.

Mujer virtuosa es la que, ante el peligro, ella pone la espalda, cuando desde lejos ve venir la espada, ella es la que abraza, la que consuela, la que dice: «no temas, apóyate en mí»; virtuosa es la mujer que seca las lágrimas.

Virtuosa no es la mujer que llora en una esquina cuando ve que el enemigo que se acerca a su familia: como leona se levanta, y lucha con todas sus fuerzas para proteger y guardar a sus cachorros con valentía. Virtuosa no es la mujer que llora y se lamenta ante una irremediable falla; la mujer virtuosa se levanta se sacude y se prepara para la próxima batalla.

La mujer virtuosa no se deja vencer, nada la puede detener cuando está determinada, es valiente es astuta, es veloz, es fuerte y como el águila se prepara, extiende sus alas, corre y no se cansa, camina y no se fatiga, y ante las adversidades no se debilita.

La mujer virtuosa es la que teme al Señor, la que le sirve con pasión, la que espera con paciencia con amor y prudencia el encuentro con su Creador, se prepara cada día siendo sabia y humilde, llena de gracia y alegría.
¿Quieres ser llamada mujer virtuosa?
¡Recuerda que la virtud es un regalo de Dios!

AURIMAR GUTIÉRREZ DE MORALES

Miembro destacado de
La Academia Escribe y Publica Tu Pasión

Escribe palabras que impacten y transformen vidas.

www.EscribeyPublica.com

Comunidad - Inspiración - Desarrollo

Moradas Eternas

Cómo olvidar ese día,
el dolor llegó a mi vida, no veía la salida.
El amor de mi padre me fue arrebatado.

Un 14 de diciembre me enteré que fue asesinado.
No entendía, no pensaba, día y noche sollozaba.
Ya no oraba como antes, divagaba.
Un día al Señor clamé,
y con el corazón dolido le busqué.

Dios escuchó mi clamor y vino a levantarme,
sus palabras fueron el bálsamo que necesité.
Pregunté al Señor: «¿Dónde está mi papá?»
Él susurró a mi oído:
«En una de mis moradas está.
Sigue adelante y se feliz, yo haré todo nuevo por ti.
Entrégame tu dolor y te mostraré lo que es el verdadero perdón,
El sol de justicia saldrá y se besará con la verdad.
No temas, no te inquietes, en mí está el poder para restaurar.
Hay un lugar secreto que te quiero mostrar.
Es mi taller, son mis manos, donde te quiero moldear.
Abrirás tu boca y yo hablaré, extenderás tus manos y sanaré.
Mis manos te sostenían, cuando nada entendías.
Moradas eternas, son hermosas como los pétalos de una rosa.
No tengas miedo yo te cuido.

Eres para mí como melodía en el cielo.
Te escucho, te veo,
en esas noches de desvelo.

Ya no sufras, ya no llores,
entrégame tus temores.
Afirma en mí tu confianza,
Yo soy la luz y la esperanza.

Pasará el tiempo, volverás a sonreír,
cada cicatriz te hará más fuerte,
más humilde y más paciente.
Predicarás a la gente mi amor.
Sostendrás a otros en su dolor.
Moradas eternas, camino de salvación».

Me mostraste maravillas, mi glorioso Señor,
cambiaste mi historia,
llegó la alegría, la canción
ahora miro al cielo y veo tu esplendor.

Me llevaste a comprender que estamos de paso,
te llevaste mi lamento con tu dulce abrazo.
Pude perdonar, pude hallar descanso.
Eres tú el juez, tienes mi caso.

Gracias, Señor, estoy lista, me sanaste.
Viviré para adorarte,
eres mi luz y mi baluarte
por el fuego pasé para encontrarte.

Moradas eternas es el lugar que tú nos reservaste.
Un día estaremos delante de ti vestidos de blanco,
dándote todo nuestro amor.
Ahora puedo verlo,
no habrá más llanto
solo paz en nuestro corazón.
Jesús, tu pagaste el precio por nuestro perdón,
Eres tú mi dueño, mi Maestro, mi Señor.

EVELYN PERALES

Miembro destacado de
La Academia Escribe y Publica Tu Pasión

Escribe palabras que impacten y transformen vidas.

www.EscribeyPublica.com

Comunidad - Inspiración - Desarrollo

Propósito

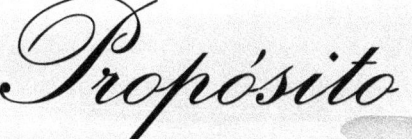

Señor, eres poderoso e inigualable.
No hay otro como tú, tu amor es incomparable.
Has estado conmigo en todo momento,
Me creaste, me formaste, en las entrañas de mi madre.
En la oscuridad más densa de mi vida, me amaste, me cuidaste,
Me protegiste, me consolaste, me abrazaste
Y soplaste aliento de vida sobre mí.
Me llamaste tu hija y me pusiste nombre, me dijiste:
«Eres una mujer llamada propósito».

Es maravilloso caminar tomada de tu mano,
Contigo me siento segura y protegida.
En la travesía de mi vida me he encontrado con enormes gigantes
Que han querido detener mi paso y hasta han tratado de quitarme
El aliento de vida que me diste.
Pero has puesto un gran escudo protector sobre mí,
Enviaste a tus ángeles guerreros a pelear por mí,
Con espadas desenvainadas, tu favor está sobre mi vida.

Al humillarme ante ti, me deleito al estar en tu presencia,
Rendida a tus pies en total alabanza y adoración.
Siento tu presencia que inunda mi ser entero,

Mi cuerpo se estremece desde la cabeza hasta los pies.
Mis ojos se llenan de lágrimas y mi cuerpo siente la presencia del Espíritu Santo,
Qué momento tan sublime, mi vida se llena de paz y puedo sentir tu gran amor.
Como una niña recibo el gran abrazo de mi padre, y siento el susurro de su voz
Que habla a mi corazón y me dice: «No temas porque yo estoy contigo».

Hoy puedo caminar con paso firme, seguro y sin temor.
Me encamino a cumplir con la gran encomienda que en mí has depositado.
Hoy cumplo con mi llamado y mi propósito:
Declarar tu palabra para que otros sean salvos,
Abrir las cárceles espirituales en tu nombre,
Y poder declarar sin temor, tu libertad.
¡Señor, simplemente quiero hacer tu voluntad!

Gracias, Dios, por tu gran amor, por tu gran misericordia,
Cada día desde el amanecer me deleito en ti.
Qué hermoso es poder reposar en ti, mi vida te pertenece.
Eres mi Dios, único y verdadero, eres digno y santo.
Cada día entonaré alabanzas a ti, mi gran rey y Señor,
 Eres eternamente y para siempre.

GRACIELA SPERATI

Miembro destacado de
La Academia Escribe y Publica Tu Pasión

Escribe palabras que impacten y transformen vidas.

www.EscribeyPublica.com

Comunidad - Inspiración - Desarrollo

Mientras Duermes

Cuando estás dormido
calla la niña tímida y prevenida...

Cuando estás dormido
grita el silencio enmudecido...

Cuando estás dormido
despierta la mujer valiente...

Cuando estás dormido
tomo las llaves del palacio
y libero tus penas aprisionadas...

Cuando estás dormido
pienso, vivo, escribo
y envío una paloma mensajera
que en su pico lleva un poema
transparente a los siete continentes...

Cuando estás dormido
vienen y van las golondrinas advirtiendo
que pronto mi Rey regresa
¡justo en la primavera!

Todo esto sucede
cuando estás dormido.

SANDRA MONTIJO

Autora del libro *El combo espiritual*
Miembro destacado de
La Academia Escribe y Publica Tu Pasión

Publicado por

Escribe palabras que impacten y transformen vidas.

www.EscribeyPublica.com

Comunidad - Inspiración - Desarrollo

La Loca

Voy a contar un corrido diciendo bendita locura.
Señor, cuando te fuiste, dijiste: «Me voy, pero les dejo el don del Espíritu Santo».

Y si al sentir tu Espíritu, creer en tu Palabra
 y decir que un día te miraré cara a cara, me llaman La loca, no importa.

No importa que por ti, mi Cristo, me digan loca.
Si loca me llamaban cuando en el mundo andaba;
y en ese manicomio loca sí estaba.

Ahora, al sentir tu presencia,
haciendo reverencia, doblando mis rodillas
creyendo en tus promesas, que me llamen La loca,
no importa, no importa que por ti, mi Cristo,
me digan loca.

Sí, loca, loca, loca por adorarte;
loca, loca, loca por alabarte;
loca, loca, loca por glorificarte.

Mi Cristo, no importa que digan que estoy,
Que estoy loca.

AMÉN

JENNY COSSÍO

Autora del libro *Por este niño oraba*
Miembro destacado de
La Academia Escribe y Publica Tu Pasión

Publicado por
EDITORIAL IMPERIAL
CROWNED BY SUCCESS

CON REBECA SEGEBRE

Escribe palabras que impacten y transformen vidas.

www.EscribeyPublica.com

Comunidad - Inspiración - Desarrollo

A mi hija

Cuando supe que venías en camino lloré de emoción
Mi vientre fue creciendo, así como mis ansias de conocerte
Mi cuerpo estaba débil para soportar tanta bondad de Dios
Pero me armé de valor para recibirte

Cuando llegó el momento de conocernos
Te apresuraste tanto que quedaste sin fuerzas
No escuché tu llanto, hasta el atardecer
Que recién te cargué en mis brazos y te di todo mi amor

Cuando empezaste a dar tus primeros pasos
Y me sonreías tiernamente, supe lo grande y fuerte que serías
Aunque no podías hablar, como los niños de tu edad
Disfrutaba cada palabra que decías

Cuando creciste y empezaste a ver las diferencias entre nosotras
Busqué otras formas de apoyarte, y lo logré
Empezaste a aprender un nuevo idioma y viste la vida diferente
Lo que contribuyó a tu crecimiento y desarrollo.

Cuando se acaben mis días en la tierra
Quiero dejarte el legado de mi amor, mi entrega incondicional
El impulso y coraje que te di, sean el inicio de tu despegue
Por siempre te amaré mi amada hija
Sigue tus sueños e ideales, a pesar de lo difícil que parezcan.

Para más información, invitaciones, recursos y eventos visita:

www.RebecaSegebre.org
www.MujerValiosa.org
www.Vive360.org

E-mail: rebecasegebreweb@gmail.com

Medios sociales:
Facebook: @RebecaSegebreOficial
Instagram: @RebecaSegebre
Twitter: @RebecaSegebre

Otras obras por Rebeca Segebre

Un minuto con Dios para parejas

Confesiones de una mujer desesperada

El milagro de la adopción

Un minuto con Dios para mujeres

Confesiones de una mujer positiva

5 secretos que te impulsan al éxito

Mi vida un jardín

Afirmaciones divinas

Una nueva vida

Las siete virtudes del éxito

Símbolos de navidad

Planner Demos Gracias

Tú naciste para escribirlo

Positiva en tiempos de crisis

Un minuto con Dios para emprendedores

SABIDURÍA DIVINA Y TRANSFORMACIÓN EN COMUNIDAD

con Rebeca Segebre

¿Lista para vivir Sana y Próspera? Encuentra la guía, coaching de vida y el apoyo que necesitas para finalmente crecer afirmada en tu fe y avanzar en tu propósito de vida y comenzar tu viaje a un mejor "Tú".

Inscríbete hoy a la *Comunidad Mujer Valiosa VIP aquí:*

www.RebecaSegebre.org/amigas

Creado para Amigos VIP de Rebeca Segebre

SABIDURÍA DIVINA Y SUPERACIÓN EN COMUNIDAD

Encuentra la guía y el apoyo que necesitas para finalmente crecer afirmada en tu fe y avanzar en tu propósito de vida.

Tu sanidad emocional y crecimiento espiritual son la clave de tu prosperidad.

Si sabes que necesitas disminuir la ansiedad, sacar lo negativo de tu vida, superar el temor y el dolor de experiencias pasadas, encontrar paz, mantenerte sana, prospera y positiva...

"ESTOY AQUÍ PARA AYUDARTE".
- Rebeca Segebre

Sana y Próspera es una membresía mensual con las herramientas, entrenamientos y la mentora que necesitas para profundizar en el conocimiento de las sagradas escrituras y *finalmente ser consistente* en diseñar un estilo de vida lleno de bienestar, prosperidad y sabiduría divina.

En *Sana y Próspera* estoy comprometida contigo en: Entregarte sólo la información correcta, guías y herramientas que necesitas para que, con mi ayuda las vayas incorporando adecuadamente a tu vida.

Sana y Próspera es un estilo de vida que construimos por medio del estudio de la Palabra y la aplicacion de tecnicas espirituales que te ayudan a retomar el camino lo antes posible a tu sanidad y prosperidad.

"Amado, yo deseo que tú seas prosperado en todas las cosas, y que tengas salud, así como prospera tu alma." 3 Juan 2-4 (RVR1960)

Conviértete en Sana y Próspera,
únete a la comunidad V.I.P. de Rebeca Segebre aquí:

www.RebecaSegebre.org/amigas

El recurso en línea # 1 para aprender a escribir, publicar y lanzar tu libro con éxito.

Inscríbete hoy para descubrir y aprender todo lo que conlleva llegar a ser un autor de éxito en el mundo editorial de hoy y cómo tu también puedes lograrlo.

www.EscribeyPublica.com

Inscríbete hoy a la *Comunidad Escribe y Publica* en esta página exclusiva:
www.RebecaSegebre.org/escribe

— La Gratitud crea felicidad.

Libros de inspiración para tu diario vivir
www.EditorialGuipil.com/planifica

BIBLIAS, DEVOCIONALES, ESTUDIOS BÍBLICOS, LIBROS, JOURNALS

Todas las herramientas y recursos que necesitas para equiparte, seguir tu llamado y fortalecer tu liderazgo.

PARA IR DE COMPRAS VISITA:

RebecaSegebre.org/tienda

Vive360shop.com

www.ingramcontent.com/pod-product-compliance
Lightning Source LLC
Chambersburg PA
CBHW050909160426
43194CB00011B/2342